Angelika Kipp

Winterlich filigran

Sternenlicht

Für den Teelichtboden die Kreisform mit gezacktem Rand zuschneiden (siehe gestrichelte Linien auf Vorlagenbogen). Um die Zacken besser nach oben biegen zu können, mit der Scherenspitze an der Linie leicht anritzen.
Den Tonkartonstreifen mit dem ausgeschnittenen Sternenmuster von der Rückseite mit Transparentpapier bekleben. Das Sternenband an die hochstehenden Zacken des Kreises fixieren und zusammenkleben.

Festlicher Glanz breitet sich im ganzen Zimmer aus.

Motivhöhe
ca. 14 cm

Material
❄ Tonkarton, A2: weiß

Vorlagenbogen 1A

Zeichnungen: Berthold Kipp
Fotos: frechverlag GmbH, 70499 Stuttgart;
Fotostudio Ullrich & Co., Renningen

Dieses Buch enthält:
3 Vorlagenbogen

Auflage: 5. 4. 3. . . | Letzte Zahlen
Jahr: 2007 2006 2005 2004 2003 | maßgebend

Druck: frechdruck GmbH, 70499 Stuttgar

ISBN 3-7724-3182-8 · Best.-Nr. 3182

Herrlich ist der Winter!

Wälder und Dörfer versinken im Schnee, der in der Wintersonne zu funkeln beginnt. Holen Sie sich die weiße Pracht in Ihr Heim! Alles, was Sie dazu benötigen, sind etwas Tonkarton, Transparentpapier, Glitzer, eine Schere und ein Schneidemesser. Daraus entstehen die schönsten Winter- und Weihnachtsdekorationen: kecke Engelbuben und liebliche Engelmädchen, glitzerndes Weihnachtsallerlei für den Tannenbaum, romantische Lichter, verspielte Fensterbilder und vieles mehr. Diese verschönern Ihr ganzes Haus und geben Geschenken eine ganz persönliche Note.

Genießen Sie den weißen Winter und eine friedvolle Weihnachtszeit!

Ihre Angelika Kipp

Ihre Grundausstattung

Diese Materialien und Hilfsmittel benötigen Sie für fast alle Objekte, sie werden in den Materiallisten nicht noch einmal erwähnt.

- Schere
- Cutter mit geeigneter Schneideunterlage
- Klebstoff
- weicher und harter Bleistift
- Bleistiftanspitzer
- Radiergummi
- Transparentpapier
- Lochzange, Bürolocher
- (doppelseitiger) Klebefilm
- Nadel und Faden: weiß

Genaue Materialangaben finden Sie beim jeweiligen Motiv.

Tipp
Verwenden Sie zum Ausschneiden der filigranen Motive ein Schneidemesser mit der entsprechenden Unterlage. Damit können Sie auch enge Schnittstellen im Inneren des Motivs mühelos ausschneiden.

Schritt für Schritt erklärt

1. Das Transparentpapier auf das ausgewählte Motiv auf dem Vorlagenbogen legen und mit Klebestreifen fixieren; so kann es nicht verrutschen. Mit einem weichen Bleistift alle Linien des Motivs nachzeichnen.

2.

Das Transparentpapier vom Vorlagenbogen abnehmen, wenden und auf den ausgewählten Tonkarton legen. Mit einem harten, spitzen Bleistift alle Linien nochmals kräftig nachzeichnen. Dadurch werden die abgepausten Linien von der Rückseite des Transparentpapiers auf den Tonkarton übertragen.

3.

Das Motiv mit Schere und Schneidemesser ausschneiden. Vorhandene Bleistiftstriche mit einem weichen Radiergummi entfernen. Kleine Kreise mit einer Lochzange ausstanzen.

Hinweis

Wenn Sie das hier seitenverkehrt gezeigte Motiv wenden, entspricht es der Abbildung im Buch. Grundsätzlich können Sie jedes Tonkartonmotiv beidseitig verwenden.

Tipp

Fensterbilder können Sie mit kurzen Stücken schmalem doppelseitigem Klebefilm befestigen. Dieser beeinträchtigt die Ausstrahlung des Bildes nicht.

Engel im Lichterbogen

Die filigranen Formen aus Tonkarton ausschneiden (siehe Seite 4/5). Mithilfe von Lineal und der Scherenspitze die Knickstellen leicht anritzen (siehe gepunktete Linien auf dem Vorlagenbogen). Hinter jedes Fenster Transparentpapier kleben. Teelichter hinter dem Lichterbogen positionieren.

Die Glocken läuten eine friedvolle Weihnachtszeit ein.

Motivhöhe
ca. 17,5 cm

Material
- Tonkarton, A2: weiß

Vorlagenbogen 1A

Sternenzeit

Die Motive wie auf Seite 4/5 beschrieben ausschneiden. Mit den Sternen können Fenster dekoriert oder Geschenke verziert werden. Die Sterne darauf mit etwas doppelseitigem Klebefilm fixieren.

Leuchtend weiß erstrahlen die Sterne an Ihrem Fenster.

Motivhöhe
ca. 17 cm bis 20 cm

Material
- Tonkarton, A4: weiß

Vorlagenbogen 1A

Weihnachtsgrüße

Die Motive wie auf Seite 4/5 beschrieben ausschneiden und auf die zugeschnittenen Karten (15 cm x 10,5 cm) kleben.
Für eine Doppelkarte blauen Tonkarton (15 cm x 21 cm) mittig falten. Nach Belieben ein Einlegeblatt einkleben oder ein gefaltetes Blatt (14 cm x 20 cm) mit einer Kordel fixieren.

Wünschen Sie dieses Jahr mit selbst gebastelten Karten „Fröhliche Weihnachten“.

Motivhöhe
ca. 15 cm

Material
- Tonkartonreste: blau, weiß
- ggf. Einlegeblatt, Kordel

Vorlagenbogen 1A

Der Weihnachtsmann ist da!

Das Fensterbild wie auf Seite 4/5 beschrieben übertragen und ausschneiden.

Dieser Weihnachtsmann macht gute Laune.

Motivhöhe
ca. 39 cm

Material
- Tonkarton, A3: weiß

Vorlagenbogen 1B

Glitzernder Kerzenschmuck

Die Kerze doppelt zuschneiden. Ein ca. 4 cm breites Stück Lametta (mit dem oberen, festen Alustreifen) zuschneiden. Den Randstreifen auf ca. 8 mm Höhe kürzen und mit Klebefilm unterhalb der Flamme fixieren. Keinen Klebstoff verwenden, dieser verformt das Material.
Das Lametta auf eine Länge von ca. 10 cm kürzen. Die Fäden glatt streichen und oben beginnend die zweite Kerze aufkleben.

Im Lichterglanz strahlen diese Kerzen mit dem festlich geschmückten Weihnachtsbaum um die Wette.

Motivhöhe
ca. 14,5 cm

Material
- Tonkarton, A4: weiß
- Lametta: silbern

Vorlagenbogen 1B

Weihnachtlicher Kerzenschein

Die Motive wie auf Seite 4/5 beschrieben ausscheiden. Bei mehreren Motiven die Aufhängung unterschiedlich lang anfertigen.

Das ist ein wahrhaft festlicher Fensterschmuck!

Motivhöhe
ca. 26,5 cm

Material
- Tonkarton, A2: weiß

Vorlagenbogen 1B

Weihnachtliches Allerlei

Motivhöhe

ca. 39,5 cm

Material

- Tonkarton, A2: weiß

Vorlagenbogen 2A

Das Motiv wie auf Seite 4/5 beschrieben übertragen und ausschneiden. Als Fensterbild mit doppelseitigem Klebefilm befestigen.

Funkelnde Sterne leuchten am Himmel, das Zimmer erhellt warmes Kerzenlicht, der Christbaum ist liebevoll geschmückt und Glocken läuten – das ist Weihnachten.

Motivhöhe

Windlichter: 9,5 cm bis 12,5 cm

Serviettenhalter: 7,5 cm bis 8,5 cm

Tischdekoration: 14 cm

Material pro Tischdeko

- Tonkartonrest: weiß

Material pro Windlicht

- Blanco-Bierfilz, ø 10,5 cm: weiß (nur Licht mit Sternen)
- Tonkarton, A3: weiß
- Transparentpapier, A3

Vorlagenbogen 1B + 2A

Winterzeit – Lichterzeit!

Windlichter
Die filigranen Motive wie auf Seite 4/5 beschrieben übertragen und mithilfe der Schere und eines Cutters ausschneiden. An den gepunkteten Linien knicken, diese dazu mithilfe von Schere und Lineal leicht anritzen. Die einzelnen Windlichter auf der Rückseite mit Transparentpapier bekleben. Beim kreisrunden Sternenwindlicht den Zackenrand unter dem Boden des Bierfilzes fixieren. Die senkrechten Papierkanten werden überlappt.

Tischdekoration
Die Serviettenhalter bestehen jeweils aus zwei Teilen. Kerze und Tannenbaum mithilfe von Schere und Cutter ausschneiden und am zusammengefügten Tonkartonkreis platzieren. Einzelne Kerzen zum Dekorieren des Tisches wie auf Seite 4/5 beschrieben ausschneiden.

Diese stimmungsvolle Tischdekoration schafft eine heimelige Atmosphäre.

Liebliche Engel

Die Oberkörper der Engel wie auf Seite 4/5 beschrieben ausschneiden.
Ein ca. 9 cm breites Stück Lametta abscheiden (mit dem oberen festen Alustreifen).
Den Streifen auf eine Höhe von ca. 1 cm kürzen.
Das Lametta am Streifen um die Taille des Engels legen und Anfang und Ende mit Klebefilm fixieren (Klebstoff verformt das Material).
Die Lamettafäden auf eine Länge von 14 cm kürzen.
Die Taille (Alustreifen) mit Windowcolor übermalen: zuerst vorne, nach dem Trocknen hinten auftragen.

Diese lieblichen Engel bringen jeden Weihnachtsbaum zum Glänzen.

Motivhöhe
ca. 20 cm

Material pro Engel
- Tonkartonrest: weiß
- Lametta: silbern
- Windowcolor: glimmersilbern

Vorlagenbogen 1B

Kecke Himmelsboten

Den Engel wie auf Seite 4/5 beschrieben ausschneiden. Für das Haar einige Lamettastreifen (ca. 9 cm lang) mittig mit einem dünnen goldfarbenen Draht zusammenbinden und dann am Kopf fixieren.

Die kecken Himmelsboten zaubern jedem ein Lächeln ins Gesicht!

Motivhöhe
ca. 16 cm

Material

- Tonkartonrest: weiß
- Lametta: golden
- Dünner Draht: goldfarben

Vorlagenbogen 2A

Weihnachtsmusik

(Beschreibung auf Seite 20)

Weihnachtsmusik

(Abbildung auf Seite 18/19)

Den Engel wie auf Seite 4/5 beschrieben übertragen und ausschneiden. Beim Engel mit Harfe die Notenschlüssel mithilfe von Nadel und Faden befestigen.

Himmlisch klingt die Musik der musizierenden Engel.

Motivhöhe
ca. 18 cm bis 25 cm

Material pro Engel
- Tonkarton, A4 bzw. A3 (Engel mit Harfe): weiß

Vorlagenbogen 2A

Tipp
Zusammen ergeben diese Engel einen himmlischen Chor.

Glitzernder Weihnachtsschmuck

Motivhöhe (ohne Lametta)
ca. 8,5 cm bis 12 cm

Material pro Motiv
- Tonkartonrest: weiß
- Lametta: silbern
- Dünner Draht: silberfarben

Vorlagenbogen 2B

Die Motive aus Tonkarton wie auf Seite 4/5 beschrieben ausschneiden. Unten ein Loch einstanzen.
Einige Lamettafäden durchfädeln und unterhalb des Loches mit dünnem Draht fest zusammenbinden.
Beim Notenschlüssel die Lamettafäden einfach über den Tonkarton legen und anschließend abbinden.

Ein außergewöhnlich schöner Weihnachtsbaumschmuck.

Lichtermeer

Den Lichterbogen mithilfe von Schere und Cutter wie auf Seite 4/5 beschrieben ausschneiden. Jedes Teil von der Rückseite mit Transparentpapier bekleben. Die Seitenteile an den gepunkteten Linien nach hinten knicken, ggf. vorher mithilfe von Lineal und Cutter leicht anritzen. Teelichter hinter dem Lichterbogen platzieren.

Sind die Kerzen angezündet, macht sich warmes Licht im Zimmer breit.

Motivhöhe
ca. 20 cm

Material
- Tonkarton, A2: weiß

Vorlagenbogen 2B

Winterspaziergang

Fertigen Sie das Fensterbild wie auf Seite 4/5 beschrieben an. Die Eiskristalle werden mithilfe von Nadel und Faden befestigt.

Machen Sie es wie der putzige Schneemann: Brechen Sie zu einem Spaziergang durch Ihre verschneite Heimat auf!

Motivhöhe (ohne Eiskristalle)
ca. 28 cm

Material
- Tonkarton, A2: weiß

Vorlagenbogen 2B

Let it snow!

(Abbildung auch auf Seite 1)

Das Motiv wie auf Seite 4/5 beschrieben ausschneiden und die Klangstäbe mithilfe von Nadel und Faden anbringen.

Nun können Sie dem lieblichen Klang der frostigen Winterluft lauschen.

Motivhöhe
ca. 31 cm
(ohne Klangspiel)

Material
- Tonkarton, A3: weiß
- Klangstäbe, 14 cm, 17 cm, 20 cm lang: silberfarben

Vorlagenbogen 1A

Ein schöner Winternachmittag

Den Lichterbogen wie auf Seite 4/5 beschrieben zuschneiden. Jeden Bogen mit Transparentpapier hinterkleben. Die Schneeflocken mit dem Locher ausstanzen und von vorne aufkleben. Die Außenteile an den gestrichelten Linien nach hinten knicken, ggf. zuvor mithilfe von Lineal und Scherenspitze leicht anritzen. Teelichter hinter dem Lichterbogen platzieren.

Dieser Lichterbogen strahlt Wärme und gute Laune aus.

Motivhöhe
ca. 19 cm

Material
❄ Tonkarton, A2: weiß

Vorlagenbogen 2B

Fröhliche Weihnachten!

Die Motive wie auf Seite 4/5 beschrieben übertragen und ausschneiden. Die Augen werden mit der Lochzange ausgestanzt, die Schneeflocken auf dem Geschenk mithilfe eines Bürolochers. Ggf. mithilfe von Nadel und Faden Aufhängebänder anbringen.

Mit diesen niedlichen Motiven macht Schenken und Dekorieren großen Spaß.

Motivhöhe
ca. 10,5 cm bis 14 cm

Material pro Anhänger
- Tonkartonrest: weiß

Vorlagenbogen 3A

Paulini

Die Heilige Nacht

Die einzelnen Motivteile wie auf Seite 4/5 beschrieben übertragen und ausschneiden. Am Fenster mit doppelseitigem Klebefilm fixieren.

Eine ganz besondere Stimmung herrscht beim Anblick des kleinen Jesuskindes.

Motivhöhe (Stall)

ca. 30 cm

Material

- Tonkarton, A2: weiß

Vorlagenbogen 3A

Motivhöhe
ca. 31 cm

Material
❄ Tonkarton, A3: weiß

Vorlagenbogen 3B

Vom Himmel hoch ...

Das Fensterbild wie auf Seite 4/5 beschrieben übertragen und ausschneiden.

Viele Kerzen leuchten diesem Engel den Weg.